Horst Grabosch

Und auf einmal stand ich neben mir

Horst Grabosch

Und auf einmal stand ich neben mir

Poesiealbum

Impressum

Bibliografische Information der Deutschen National-
bibliothek:
Die Deutsche Nationalbibliothek verzeichnet diese
Publikation in der Deutschen Nationalbibliografie;
detaillierte bibliografische Daten sind im Internet
über http://dnb.dnb.de abrufbar.

Herstellung und Verlag:
BoD – Books on Demand, Norderstedt

ISBN: 9783757802219

Und auf einmal merkst du äußerlich:
Wieviel Kummer zu dir kam,
Wieviel Freundschaft leise von dir wich,
Alles Lachen von dir nahm.

Joachim Ringelnatz

Anfang des Gedichtes: ‚Und auf einmal steht es neben dir'

VORWORT

Joachim Ringelnatz und Robert Gernhardt gehören zu den Wortkünstlern, die mir immer viel Freude bereitet haben. Bevor ich die Musik zu meinem ersten Beruf gemacht hatte, studierte ich Germanistik und schrieb aus reinem Vergnügen einige Texte in unterschiedlichsten Genres.

Dann ging mir als Berufstrompeter die Zeit dafür aus. Als ein fulminanter Burnout meine erste Musikerkarriere beendete, hatte ich endgültig von Kunst die Nase voll und schulte zum Informationstechnologen um. Auch in diesem Beruf schaffte ich es bis zum Ausbrennen. Dieser zweite Burnout verletzte vor allem meine Seele.

Während der Psychotherapie verfasste ich dann wieder Texte. Neben einer gewagten Mixtur von bescheidenen Talenten ist mir die Unfähigkeit gegeben, etwas auswendig zu lernen, und folgerichtig kann ich auch nichts kopieren. Diesen Makel muss ich mit Fantasie kompensieren.

So dienten mir Ringelnatz und Gernhardt zwar als Vorbilder für die Gedichte, die beim therapeutischen, Schreiben entstanden, aber die Fantasie lenkte alles in ganz andere Bahnen.

Das konnte auch in kürzester Zeit während der Ausarbeitung eines kurzen Gedichtes passieren. Eine romantische Stimmung verkehrte sich nach den ersten Zeilen in einen bissigen Text und geplante Zoten wurden zu tiefgründigen Gedichten.

Wie ich heute weiß, ist das meine Natur - meine Seele - und bedarf daher nicht des verschämtem Versteckens. Also raus mit dem Zeug in die Welt. Und hier sind die Gedichte des ersten Teils - mit und ohne Reim.

Der zweite Teil des Poesiealbums beinhaltet Songtexte, die sehr rhythmisch und perfekt gereimt daherkommen. Als Kind der Arbeiterklasse wollte ich eine Hommage an nicht besonders angesehene Berufe in Liedern unterbringen. Und wieder wurde es etwas anders als geplant.

Im dritten Teil habe ich ergänzende Texte zu meditativer Musik verfasst. Das hatte ich bereits beim Buch „LUST" und dem gleichnamigen Musikalbum getan. Nur sind diese Texte anderer Art. „Far Beyond Understanding" ist ein Konzeptalbum, das eine musikalische Reise in die Welt der Seele darstellt. Die 13 Musikstücke haben bereits aussagekräftige Titel. Dazu passende Gedichte, die weitere Fantasien aktivieren, dürften den spirituellen Kunstgenuss aber noch steigern.

■■

TEIL 1 | GEDICHTE UND ÄHNLICHES

DIE WEIßE GÖTTIN

DU
Schüssel meiner aufgeblähten Träume!

Gehauen aus dem harten Stein,
harrst du der Dinge,
die da kommen –
und bist so oft allein.

Doch Angesichts des Darmrumorens
im Dunkel des Gedärms,
ist heut' dein großer Tag gekommen,
wo höchster Sinn dir widerfährt.

So will ich mich dir ganz ergeben,
mit dir Erleichterung erleben,
und Stunden später erst erheben.

Mein Haupt in Demut dann verneigen –
vor DIR,
du weiße Göttin.

■■

DIE BOTSCHAFT

Kommt ein Vogel geflogen,
hat den Schnabel verbogen,
und verlor das Kassiber
des Häftlings Kurt Biber.

Nie hat die Braut mit langen Haaren,
die zur Hochzeit kürzer waren,
in dreizehn elend langen Jahren,
den Gatten in der Haft besucht.
Sie war immer ausgebucht.

Biber konnte das nicht ahnen,
würd den Gast wohl nur verwarnen,
der zu später Feierstunde,
mit der Braut verließ die Runde.

Als der gehörnte Bräutigam,
später dann dahinter kam,
war er bereits total besoffen,
und hat den Gast am Kopf getroffen.
Jener war danach dann offen,

denn das Werkzeug war aus Blei!
Der Rest war nur Juristerei.

Doch wollen wir natürlich wissen,
was der Biber auf dem Kissen,
verzweifelt zu Papier gebracht,
in der dunklen Winternacht.

Die Botschaft war ergreifend schlicht:
„Du Arschgesicht,
ich liebe dicht."

■■

ICH BIN DER BARDE

Ich bin das Liebste, was du hasst auf dieser Welt.
Ich habe das, was du nicht kaufen kannst für Geld.
Du ahnst es nicht, du wusstest nie,
was wirklich zählt, auf dieser wundersamen Welt.

Ich bin der Barde deiner nie geträumten Träume.
Ich bin der Geist, der nie gerufen ward.
Doch bin ich alles, was im Leben wirklich Sinn macht,
doch ungefragt und für die Sinne sehr verkürzt.

Ich bin der Flash, der deine Augen blendet;
der einmal wirklich großen Geist versprüht;
der kommt und geht nach keines Uhres Plan.
Ich bin dein unbekannter Menschentraum und -wahn.

Du brauchst mir keinen Finger reichen;
denn ich nehm immer mehr als deinen ausgestreckten Arm.
Ich bin der Dyson deiner abgestandenen Träume.
Mit mir betrittst du ungeahnte Räume.

Schau mir nur einmal in die abgrundtiefen Augen,
dann werd ich deinen Seelenbräu absaugen.
Dann bist du nur noch eine abgestreifte Haut
und kannst erwachen – stark und ungezwungen laut.

Ich bin der Barde deiner nie geträumten Träume.
Ich bin der Geist, der nie gerufen ward.
Doch bin ich alles, was im Leben wirklich Sinn macht,
doch ungefragt und für die Sinne sehr verkürzt.

Du wirst das Übelste, was sich ein schwacher Vater
wünscht,
doch Freiheit wird dein heiß geliebter Bruder.
Das Pflaster unter deinen Schritten schmilzt,
genau wie Sünde schmilzt in Gluten des Vulkans.

Komm mit mir auf den Weg der wahren Liebe, frei
von Religion und Repression;
denn unser Gott ist noch viel größer, und Liebe heißt
sein schlichter Plan.

Ich bin der Barde deiner nie geträumten Träume.
Ich bin der Geist, der nie gerufen ward.
Doch bin ich alles, was im Leben wirklich Sinn macht,
doch ungefragt und für die Sinne sehr verkürzt.

■■

NEBELSCHWADEN

- dedicatet to Master Yoda

Nebelschwaden über Teichen dümpeln –
doch über Tümpeln,
sie es tunlichst vermeiden.
So rätselhaft sie sind.

Nach Freiheit das Kind verlanget.
Schützen die Mutter es will,
mit zärtlichen Worten das Kind sie ermahnet.
Das Kind die Mutter verstehet?

So seltsam und fremd sie spricht –
die Sätze sie seltsam verdrehet.
Der Sinn ihrer Worte,
dem Kind so entgehet.

Die Liebe das Kind wohl erspüret,
doch unklar die Botschaft bleibt.

Ganz anders die Sprache des Vaters.

Klar und unmissverständlich.
Sorgsame Auswahl der Wörter;
laut, forsch und deutlich gesprochen,
ohne des Sinnes Ballast.

Das Kind fix die Botschaft erkennet –
ja, die Macht DU hast.

■■

TÄUSCHUNG

Es geht eine Träne auf Reisen.
Es fällt ihr nicht leicht, denn sie ist aus Eisen.

Wenn du sie siehst, solltest du weichen,
denn diese Träne geht über Leichen.

■■

FRÜHSTÜCKS-FERNSEHEN

Ein warmer Schauer
der Erleichterung
durchfuhr
Stahlarbeiter Kowalski

Der Dax
notierte
vorbörslich
etwas fester.

■■

WUTSPLITTER

Wer Hass sät, wird Sturm ernten.
Ist es der Sturm, der das Böse vom Guten trennt,
und der das Wasser treibt,
das die Sünde wegschwemmt?
Dann lass ihn nur kommen, den wilden Gesell.
Vielleicht kann man ihn rufen, ohne Gebell.

Du Gewaltiger
Du Einzigartiger
im Bade von Narziss.
Schau einmal durch die selbst gebaute Wand.
Dort gehen alle Hand in Hand.

Gottes Gnade ist verbraucht.
Du Kirchenfürst und Kinderschänder -
hinaus aus unserem Lebensgarten.
In der Hölle sollst du braten.

■■

ZWEI ESEL

Zwei Esel gingen am Strand spazieren.
Was kann denn da schon groß passieren,
dachte der Eine.

Du – Großer, pass mal auf,
sagte der Kleine.

Das große Meer war bald blutrot,
der große Esel mausetot.
Wie konnte das denn nur passieren?

Die Antwort ist sehr leicht zu generieren:
Es gibt immer wieder Kleine,
die gern Große massakrieren.

■■

ACHT PAPAGEIEN

Acht kunterbunte Papageien
flogen in zwei gleichen Reihen
Seit an Seit, jeweils zu Vieren,
am fernen Strand zur Abendstund.

Was kann denn da schon groß passieren?

Dem Leuchtturm hinter Lummerland
ward schon vor vielen Jahren
in seinem ehrenwerten Namen
das ,Leucht', verbindlich aberkannt.

Nun nähern sich die Papageien,
noch immer in zwei gleichen Reihen,
dem früher einmal stolzem Langen,
der leuchtend seinen Dienst versah,
wo Wellen Schiffe gern verschlangen.

Die rechte Papageienflucht,
des Führers Augen leistungsstark,
bog kurz vor Aufprall auf den Schuft
in weiser Absicht noch rechts ab.

Vier ahnungslose Papageien,
am Fuß des dunklen Oberschurken,
bald waren wie zermanschte Gurken,
ohne großes Angstgeschrei
ein Haufen Papageienbrei.

■■

FLOTTE LANDPARTIE

R asant eilt der Bolide über den Asphalt.
Der Mann, gebannt am Steuer, ist schon ziemlich alt.
Doch in des Mannes Augen lodert noch die Glut.
Das Haupthaar - etwas schütter - bedeckt ein angesagter Hut.

Schützend vor der Sonne Feuer,
die Sonnenbrille – ziemlich teuer.
Innen mit Asbest versiegelt,
außen elegant verspiegelt.

Hinter einer fiesen Kuppe,
die gleichsam fiese Sträuchergruppe.

Es lag gewiss nicht an dem Mann,
der nämlich ganz toll fahren kann.
Wegen Fehlens eines Baumes
ermächtigt sich der Ford des Raumes.

Erst steigt die Front des Cabrios
empor, zu Klängen des Radios.
Kurz danach, am schönen Ginster,
wird es um das Fahrzeug finster.

Große Mengen grauer Staub,
garniert mit feuerrotem Laub,
verhüllen nunmehr das Spektakel,
so wird der Fortgang zum Orakel.

In der Wolke voller Dreck
erscheint jetzt kurz das stolze Heck.
Und davor – man sieht es gut –
zeigt sich auch der schicke Hut.

In diesem fabelhaften Reigen,
will nun die Brille auch noch steigen.
Ganz am Schluss, so gegen Vier,
eine Rolle Klopapier.

Mit dem jetzt ganz erschöpften Sand,
legt sich die Stille auf das Land.

An solchen wunderbaren Tagen
muss man sich aus dem Hause wagen.
Und mit dem nötigen Elan
hat man das Richtige getan.

■■

FRAUEN SIND EINFACH SENSIBLER

Ich lege den Kopf
in die Beuge der Nacht.
Erhaben der Mond
hoch über mir wacht.

Der Trubel des Tages
der Stille nun weicht.
Ich schließe die Augen,
das Herz wird mir leicht.

Welch wonnige Regung
durchfährt meine Glieder –
dann werden sie schwer,
Bruder Schlaf zieht sie nieder.

Aus der Ferne erklingt
des Wolfes Geheule,
etwas näher erhebt sich
die Stimme der Eule.

Ganz nah jetzt,
ein Maulwurf zu hören ist –
und auch, wie ein Stier
vor das Vorzelt pisst.

Das Schnarchen des Gatten
wird zunehmend lauter.
Der Morgen ist fern –
erst in Stunden ergraut er.

Der Rüde des Herrn
jetzt zu bellen beginnt …

… ach käme doch grad
eine Kugel geflogen,
die den Hund zunächst
von der Platte putzt.

Danach wird der Schwengel
des Stiers leicht verbogen,
bevor ein Schmerz
die Eule verdutzt.

Nach weiterem Flug
auf der tödlichen Bahn,
das Projektil jetzt den Wolf erwischt.

Es dringt durch das Herz –
sein Leben erlischt.

Der Bote der Ruh´
wär noch weiter geflogen,
hätt nicht ein Fels
ihm den Weg versperrt.

So prallt er dort ab;
kommt im hohen Bogen
zurück – was dem Maulwurf
das Leben erschwert.

Im Schädel des Wühlers
dann ist es vorbei,
mit der Kraft des Geschosses
aus blutigem Blei.

Nun ist es deutlich ruhiger geworden –
das Pfeifen im Ohr
hat sich kampflos ergeben,
blieb nur noch den sägenden Kerl zu ermorden!

Doch in dieser stillen,
so zärtlichen Nacht,
wo der Mond uns beide
so friedvoll bewacht,
lass ich das Arschloch einfach leben.

Um diesen Typ mich die Frauen beneiden;
muskelbepackt und mit sanftem Gemüt.
Bald könnt ihr ihn haben – samt Sägewerk –
ich lasse mich nämlich von ihm scheiden!

■■

DER PREIS DES WOLLENS

Wenn sanft das Mondlicht auf den Hügeln schläft,
geht eine Seele auf Reisen.

Im Schatten durchstreift sie geduldig
das Tal mit dem saftigen Moos.

Dann erklimmt sie den Hügel bis zum Finger des Mondes
und legt ihren Kopf an den Saum seines Lichts.

Die Seele versinkt im größten Kelch des Glücks
und öffnet sich dem Nichtgewollten,
das sie ohne Preis erfüllt.

Wie gern würd' sie erzählen, dem der unablässig will.
Doch ihr fehlt die Stimme – ihm die Ohren.
So trägt er weiter an der Last des Preises
und vergisst, was ihm schon tausendfach geschenkt.

■■

VORNEHMLICH DIE INVESTMENTBANKEN

V ornehmlich die Investmentbanken,
müssen grad extrem verschlanken.

Durch die viel zu feuchten Hände,
von harter Arbeit schweißgetränkt,
glitt das Geld allzu behende,
in den Orcus – ward versenkt.

Bänker nun mit Kartonagen,
aus dem schmucken Firmenhort,
schleppen Schreibtischapplikagen,
verlieren dabei kaum ein Wort.

Müssen sich jetzt arg beeilen,
zu retten das private Geld.
Drum wollen sie auch nicht verweilen,
es wartet nun die weite Welt.

Es dürstet sie nach den Oasen,
wo Milch und Honig fließen noch,

und hinter sehr gepflegtem Rasen,
die Bank ragt in in den Himmel hoch.

Dort sind die Namen Schall und Rauch.
In schlichten Fächern hoch geschichtet,
sich türmt das Geld –
und Gold wohl auch.

Ein Mensch hier selten wird gesichtet,
eher Schatten durch die Gänge wieseln.
Sie suchen Nummern, eingraviert,
in der Fächer Türgeviert.

Ist dann alles eingeschichtet,
von den Schultern fällt die Last.
Urlaub wartet auf die Nummer,
jeder mag den fremden Gast.

Im schönen Bergort Liechtensteine,
liegt der Mammon nun geschützt,
vorbei ist's mit dem größten Kummer,
glücklich ist, wer noch besitzt.

(Szenenwechsel)

Einmal mehr schaut die Bagage,
schon lang verwaist ist die Garage,
arbeitslos mit Weib und Göre,
in die gähnend leere Röhre.

Wenn mal der Volkszorn wird entfachet
durch diese grenzenlose Gier,

sieht man den Bänker wie er lachet
im TV: "Das Volk sind WIR!"

Gemütlich auf dem Sofa sitzend,
hört's der Erzeuger seiner Brut.
Geburtstagskerzen gerade schnitzend,
gerät der Mann in große Wut

Trocken wird dem Mann der Schlund,
so greift er nun zur Sahnetorte.
hört mit staunend, offnem Mund,
Wogen unverschämter Worte.

Die Torte für der Göre Festtag,
er zitternd in den Händen hält.
möcht stopfen Sahne ohne Ende,
in diese böse, fremde Welt.

Doch das Weib ihn schnell ermahnet,
erinnert an der Torte Wert.
Das leitet ein nun eine Wende,
und kostet letztlich auch kein Geld.

Der Mann jetzt in das Sofa sacket,
Synapsen lautlos sich entflechten.
Das morsche Teil bedenklich knacket,
der Sensenmann sich setzt zur Rechten.

Der Göre ist das alles schnuppe,
laut dröhnt durchs Zimmer Karaoke,
im Arm wiegt sie die neue Puppe
und erwartet die Mischpoke.

Das Fest verläuft dann wie erwartet,
der Schnaps bald auch in Strömen fließt.
Schnell ist die Party ganz entartet
bis Gleichmut in die Hirne fließt.

So hat am Ende diese Tages,
und auch noch alles ganz legal,
ein Bund der Seelen sich gebildet,
hier im Suff und dort im Tal:

Hast du Sorgen oder Bares,
es ist doch alles scheißegal!

■■

WAHRE FREUNDSCHAFT

Ein Samen hat sich durchgekämpft,
die Zelle hat er schon in Sicht.
Ein Mensch zu werden ist sein Ziel,
des Schöpfers höchstes Gut.

Die Hoffnung wird schon bald gedämpft,
denn Teilen wollt er wahrlich nicht.
Des Teilens wird ihm bald zu viel,
in ihm erkeimt die Wut.

Schon bald danach erlischt sein Wille,
die Dinge nehmen ihren Lauf.
Was dann passiert in aller Stille,
nimmt er billigend in Kauf.

Aus dem Mutterleib vertrieben,
nun ein neuer Geist entsteht.
Des Samen Wille ist zerrieben,
die Hoffnung ist schon längst verweht.

Der neue Geist muss sich nun quälen,
mit des Alltags schwerer Last.
Er hat keine Chance zu wählen,
sitzt auf einem dünnen Ast.

Viele Jahre sind vergangen,
als er glaubt nun sei´s geschafft.
Doch er bleibt in sich gefangen,
bis der Tod ihn nieder rafft.

Bald muss er betrübt erkennen,
dass die Sens´ war schon geschärft,
als der Samen noch mit Eifer,
war im wilden Lebensrennen.

Hatte er doch einst geglaubt,
der Sensenmann käm' einmal nur,
muss er nun erstaunt erkennen,
dass dieser ist sein Stammbegleiter.

Das hat ihm den Schlaf geraubt,
bis er die Last mit viel Bravour,
dem Fegefeuer gab zu brennen,
und das Leben ging noch weiter.

Viele Jahr seid nun ihr Zwei
– Sensenmann und freier Geist –
in des Füllhorns ganzem Wirbel,
munter auf der Lebensleiter.

Doch der Freundschaft zäher Brei,
zuweilen doch das Hirn vereist.
Drum schmeiß ihm seine liebste Zwirbel
zuweilen ein paar Meter weiter.

Nun ist er vor dir auf dem Abstieg,
siehst auch wenn er wieder wendet.
Kannst ihm gönnen seinen Sieg,
wenn die Leiter einmal endet.

Solange aber treib das Spiel,
mit wachsendem Vergnügen.
Wird's dir einst einmal zu viel,
musst du dich der Sense fügen.

■■

SANDELHOLZ

Sandelholz, oh Sandelholz,
wie gern hätt ich ein Opus dir gewidmet -
doch ich liege noch im Bett.

Und an dieser blöden Stelle,
reimt sich nur Bauernbrot mit Mett,
und das ist nicht besonders helle.

Ich wäre wirklich mächtig stolz,
fänd' ich den Reim auf Sandelholz.

Da schreib ich dann doch lieber Prosa,
ganz elegant in blassem Rosa.

Sandelholz, oh Sandelholz,
du riechst so gut.
Das macht mir Mut.

■■

EIN MÄNNLEIN

Ein Männlein steht im Walde,
da macht´s krawumm.
Das Männlein hat´s erwischt,
es weiß nicht warum.

Seht, wer mag das Männlein sein,
das da steht auf einem Bein,
und hat ein kleines Mäntelein
aus blutrot um.

Ein Herr, der sitzt am Schreibtisch
im noblen Haus.
Er schaut grad ganz verwirrt
aus dem Fenster raus.

Was mögen das für Männlein sein,
die da steh'n auf einem Bein,
tali-tala und hussassa,
Gewissen – Aus!

Ein Mutterherz zerbricht
an der Seelenpein.

Ihr Junge, so geliebt,
hat nur noch ein Bein.

Was wird aus dem Kinde nun?
Kann die Mutter noch was tun?
– zu tragen ihn zum Glück,
ist es auch noch so klein.

Das Ende dieses Lieds,
wie es kommen muss.
Die Reime und der Rhythmus
aus einem Guss.

Wer mag wohl der Dichter sein,
der jetzt steht auf einem Bein,
weil er nicht mehr weiter weiß –
drum macht er Schluss.

Epilog

Ich schaue immer noch in den Himmel
und suche nach Worten.
Doch es schaut mich nur die Fratze an.

– abgeschnittene Ohren
– leere Augenhöhlen
– der zugenähte Mund

Nur die Nase noch,
kann den betörenden Duft der Lilien auf den Gräbern
riechen.

Dann wird das Antlitz kleiner – immer kleiner,
bis es verschwindet im Dunkel der Nacht.

In einem Hauch von Zeit,
legt es die Strecke ins Jenseits zurück.
Doch wir müssen kriechen –
Meter um Meter.

■■

KINDERGEBET NR. 1

Lieber Gott,

danke für das schöne bunte Kleid und die Puppen.

Ich frage mich nur, warum du mir einen Pillemann gemacht hast.
Tittis wären mir lieber gewesen.

Jetzt will Papa mich totmachen,
aber vielleicht macht Mama ihn vorher tot.

Dann kommt Mama ins Irrenhaus,
und ich bin beide los.

Zum Glück hast du noch Schwarze und andere Rassen gemacht.
Deshalb vergessen mich die Hasser manchmal.

Insgesamt aber eine schöne Welt.
Hoffentlich ist bald wieder Krieg.

Amen

KINDERGEBET NR. 2

Lieber Gott,

danke für das Schnellfeuergewehr.

Ich frage mich nur, wann ich endlich schießen kann.
Papa wünscht sich das auch so sehr.

Mama ist im Irrenhaus,
und wir haben keinen zum Saubermachen mehr.

Zum Glück hast du noch arme Frauen gemacht.
Deshalb können wir eine Putzfrau kaufen.

Insgesamt eine schöne Welt.
Hoffentlich ist bald wieder Krieg.

Amen

HITMAKER

B immelbammel
Singt der Hammel

Nussgelee
Besingt das Reh

Jetzt kommt die Maus
Die zieht sich aus

Dann nimmt der Stier sie auf sein Horn
A star is born

■■

SAUHUND

Willst du Musik, dann warte -
ich kauf dir eine Sauhundkarte.

Ist sie erfolgreich installiert,
dann wird der Sauhund schon serviert.

Hast du ihn ganz verzückt genossen,
bleiben noch die beiden Flossen.

Mit etwas Zucker überstreut,
hat es der Kenner nie bereut.

Zwar gibt es auch noch andre Lager,
doch so geniesst man deutsche Schlager.

■■

MANIPULATION

Nebulöses Geschwader
von Süden
Gegenlichtaufnahme
Sonne steht tief
Fokus unmöglich

Stille

Ich wende mich ab
konzentriere mich

Nur knirschender Schnee
ein Mann mit Hund passiert
Dobermann*innen

political correctness

ich frage
„Ist Krieg?"
„Hier nicht!"
„Achso"

Fake!

Eisbedeckter Weiher
etwas später
Bombentrichter?
Eine Frau passiert
ohne Hund*innen

political correctness

Bin verwirrt
schaue gen Süden
suchend
nichts
nur Wolkengespinst und Berge
Foto schwierig
Gegenlichtaufnahme
kein Geschwader

Stille

nur der knirschende Schnee
unter meinen Füßen
den eigenen
unter meinen Beinen
den eigenen
unter meinem Rumpf
dem eigenen
unter meinem Kopf

meinem eigenen?

■■

BAUERNREGELN

Lassen wir zunächst Schiller zu Wort kommen: „Der Mensch spielt nur, wo er in voller Bedeutung des Worts Mensch ist, und er ist nur da ganz Mensch, wo er spielt".

Hier ein paar Derbheiten, die mir eine Depression versüßt haben. Die Reime sind zu verschiedenen Zeiten entstanden und haben keinen geplanten Zusammenhang.

Wenn alte Kutter träge dümpeln
und Adler ihren Horst entrümpeln;
wenn Köpfe werden schwer wie Blei;
dann ist der Sommer schon vorbei.

Wenn Blätter sich von Bäumen trennen
und die Trauerfeuer wieder brennen;
wenn du spürst, dass du bald erbst
dann ist Herbst.

Wenn morgens schon die Sonne scheint,
und die Magd im Stalle weint;
wenn dem Eber schwillt der Docht,
und die Bäu'rin ist stinksauer,
hat der Bauer eingelocht,
doch sein Glück ist nicht von Dauer.

Wenn der Mond am Himmel steht,
und erstrahlt in voller Pracht,
dann ist Nacht.

Wenn die Sonn' vom Himmel rumpelt,
und ich ganz erbärmlich schwitze,
spricht man auch von Bullenhitze.

Wenn Pfaffen zum Gebete rufen,
und Wähler leiden Höllenqualen,
dann sind meistens Landtagswahlen.

Wenn feiste Fürze kräftig knallen,
sich Nägel in die Brille krallen,
kein Vogel fliegt mehr weit und breit,
dann ist wieder Kappeszeit.

■■

STATION P1 (FREIGANG)

Im Volksmund nennt man es ‚Klappse‘. In den unteren Etagen findet man aber eher Patienten, die zwar auch ‚verrückt‘ sind, aber zur besseren Seite des ‚Normalen‘.

Auch ich bin als kleines Kind auf die Welt gekommen,
soviel ist sicher.
Mein Vater war Zimmermann,
doch meine Mutter hieß nicht Maria.

Im Laufe der ersten Lebenshälfte
habe ich versucht,
mir das Hirn aus dem Schädel zu saufen.
Das ist nur unzureichend gelungen.

Heute bereite ich mich auf den Gedenkflug des Ikarus vor.
Ich werde versuchen
noch näher an die Sonne zu gelangen.

Anstatt eines Fallschirms
werde ich nur eine durchlöcherte Bibel
auf dem Rücken tragen.

Schreibt, ihr holden Dichterfürsten in der blutigen Schlacht!
Möge eure spitze Zuge niemals stumpf werden.

An einem trüben Karfreitagmorgen zerplatzte der Dichter K. aus I. mutwillig, um dem Überfluss von Schönheit und Gerechtigkeit ein Ende zu bereiten.

Die Einsatzkräfte mussten sich durch eine knöcheltiefe Schicht von Denkbrei, der sich bis auf den Gehweg ergoss, zum Tatort vorkämpfen.

Noch vor dem Frühstück riss ich ein paar Bäume aus.
Während des morgendlichen Mahls ergänzte ich mein vollkommenes Verständnis der Welt mit den neuesten Nachrichten.

Dann entdeckte ich einen Kaffeefleck auf der Tischdecke, dessen Willkür mich aus der Fassung brachte.

Zur Erholung legte ich mich noch einmal ins Bett
und flog eine Runde Traumkino.

Mittagessen, Mittagsschlaf und Kaffeetrinken
gingen fast unmerklich ineinander über.

Als die Sonne unterging, hatte ich nicht wirklich viel
geschafft, aber für ein paar Bäume vor dem Frühstück
würde es vielleicht morgen reichen.

■■

WALDMEISTERBOWLE

Zubereitung:
Arbeitszeit: ca. 15 Min. Ruhezeit: ca. 1 Std. / Schwierigkeitsgrad: simpel / Kalorien p. P.: keine

Vom Waldmeister einige Blättchen abnehmen und zur Seite legen. Den restlichen Waldmeister in den Weißwein geben und zerquetschen. Eine Stunde ziehen lassen. Dann den Waldmeister herausnehmen. Den Wein nach Belieben mit Zucker oder Honig süßen und in ein Bowlegefäß geben. Die abgeschälte Zitronenschale zufügen und mit Sekt auffüllen. Mit den beiseite gelegten und frischen Waldmeisterblättchen dekoriert servieren.

Paul war seit einiger Zeit in Behandlung. Der Therapeut diagnostizierte eine Tendenz zur Psychopathie. Zur Therapie gehörte es, einfache Dinge des täglichen Lebens zu erledigen und Sozialkontakte zu anderen Menschen zu pflegen. Paul dachte an einen gemütlichen Abend mit Waldmeisterbowle, die er selbst zubereiten wollte.

Paul ging in den Wald und suchte den Waldmeister, denn wo sonst sollte der zu finden sein. In der Ferne erblickte er einen stattlichen Mann in grüner Jacke, der aufmerksam den Wald musterte. Auf dem Rücken eine ebenso stattliche Flinte. Das musste der Waldmeister sein!

Es dauerte seine Zeit, bis er ihn mit einem starken Ast erlegt hatte. Er schnitt einige Blättchen aus der grünen Jacke und legte sie zur Seite. Für den zweiten Schritt musste er wohl den ganzen Waldmeister mit nach Hause nehmen, denn die Schüssel mit dem Weißwein hatte er natürlich nicht dabei.

„Arbeitszeit: 15 Minuten", erschien ihm bereits jetzt etwas kühn geplant, denn schließlich konnte er unmöglich den ganzen Waldmeister in die Schüssel geben. Davor lagen schließlich noch aufwändige Aktionen mit der Kreissäge, und die Entsorgung des Waldmeisterrestes.

Dann erledigte er den nächsten Zubereitungsschritt, und ließ alles eine Stunde ziehen. Doch auch nachdem er den Waldmeister herausgenommen hatte, war zu seinem Erstaunen die Bowle rot statt grün, doch mit den Waldmeisterblättchen als Dekoration kam er der Sache schon näher.

Nun freute er sich auf seine Gäste. Der Therapeut würde stolz auf ihn sein.

■■

ALLES SOLL SO BLEIBEN

So süß und rosig liegst du da,
ein Mensch erzeugt in Liebe.
Mein Lebensinn allein du bist,
drum wünsch ich mir mit langer Frist:

Alles soll so bleiben, wie es ist.

Warum nur hasst du mich so sehr,
die Mutter, die nur Gutes will.
Verweigerst dich ganz generell,
drum wünsch ich mir, ganz aktuell:

Alles soll sich ändern, aber schnell.

Wo sind die Jahre nur geblieben,
im Kampf um Glück und Segen.
Ein reifer Mensch, du endlich bist,
drum wünsch ich mir mit langer Frist:

Alles soll so bleiben, wie es ist.

Allein in meiner kleinen Welt,
verwelken die Geschichten.
Vergesse nach und nach, was war,
drum wünsch ich mir, das ist doch klar:

Alles soll so werden, wie es früher einmal war.

■■

Es folgen nun Songtexte aus der Serie ‚Helden der Arbeit'. Die Songs dazu sind auf den einschlägigen Musikportalen im Internet zu finden.

Jede Berufsgruppe wird durch eine fiktive Person und drei kurze Gedichte/Songtexte repräsentiert.

Zuerst kommt eine prosaische Lobhudelei auf den Beruf und den jeweiligen Helden der Arbeit - dann die Gedichte/Songtexte.

TEIL 2 | HELDEN DER ARBEIT | SONGTEXTE

DIE GESCHICHTE VON KRANKENSCHWESTER HILDEGARD

Hildegard weiß nicht so genau, ob sie ihren Beruf liebt oder hasst. Wahrscheinlich beides, sodass die Extreme in der Mitte aufeinander prallen.

Das führt bei Hildegard zu einem Seelenzustand, der nicht mehr in Worte zu fassen ist. Vielleicht ist Fatalismus der richtige Begriff. Fatalismus und Krankenhaus passen ja auch gut zusammen.

Hildegard lächelt oft. Dann sieht man ihre Zahnspange, denn sie ist noch ziemlich jung - aber bereits sehr erfahren. Der heimliche Beobachter fragt sich, ob sie einen Freund hat, aber diese Frage ist absolut unbedeutend. In ihrer Arbeitszeit ist sie vollkommen auf das konzentriert, was zu tun ist. Was sie dabei denkt, wissen wir nicht - und das ist gut so.

■■

MAURER KLAUS HAT SCHMERZEN

Krankenschwester Hildegard
Jede Schicht ist knüppelhart

Spritze rein, Spritze raus
Schmerzen weg bei Maurer Klaus

Glocke schellt auf Zwei-Null-Eins
Etwas klemmt bei Klempner Heinz

Windelwechsel Zwei-Eins-Acht
Oma Anni, Gute Nacht

■■

ATEMSTILLSTAND BEI CORONALEUGNER BERND

Glocke Zimmer Zwei-Null-Acht
Bernd hat Covid mitgebracht

Auf dem Bauche liegt der Mann
Hildegard geht sofort ran

Nun setzt sie das Werkzeug an
wie es nur die Hilde kann

Hintern putzt sie blitzeblank
Atmet wieder, Gott sei Dank

■■

PENNER PAUL IST GESUND

S chriller Schrei aus Zwei-Null-Sieben
Penner Paul wär gern geblieben

Doktor Droste - mieser Hund:
„Raus mit ihm, er ist gesund"

Hildegard rauscht schnell heran
Hilfe braucht der alte Mann

Nach zwei harten Leberhaken
bleibt der Paul - mit neuem Laken

■■

DIE GESCHICHTE VON BADEMEISTER ADELWART

Adelwart liebt seinen Beruf - zweifellos. Nur, wenn er im Winter ins Hallenbad muss, hadert er mit seiner Berufswahl. Seine Zeit kommt, wenn die Sonne über dem Freibad lacht.

Mit seinem rauschenden Vollbart und dem legeren Outfit entspricht er in keiner Weise der Karikatur des eitlen Bademeisters. Er ist hilfreich und pflichtbewusst - rettet, was zu retten ist.

Badetuch vergessen? Kein Problem. Adelwart sucht im Depot nach einem vergessenen Exemplar. Mit seiner privat finanzierten Sonnenmilch hilf er gern bei Bedarf aus. Nur beim Ende der Badezeit lässt er nicht mit sich verhandeln. Die Abendruhe in der gepflegten Anlage ist ihm heilig.

■■

JEDEN TAG EINE HELDENTAT

Bademeister Adelwart
Jeden Tag `ne Heldentat

Kleinkind kreischt am Kinderpool
Adelwart bleibt supercool

Rutschgefahr an Startblock vier
Ausgemerzt mit Sandpapier

Alles ins Depot gebracht
Freibad schließt genau um Acht

■■

GEFÄHRLICHER EISGENUSS

Schriller Schrei vom Schwimmerbecken
Kind rutscht aus beim Eisablecken

Adelwart zieht Schlappen aus
Kopfsprung bringt ihm viel Applaus

Nur ein Hauch von Zeit vergeht
bevor der Knabe untergeht

Adelwart greift blitzschnell zu
Zieht den Bengel hoch im Nu

■■

SONNENBRAND DROHT

Backfisch braucht mehr braune Haut
Zu viel TikTok angeschaut

Sonnenbrand droht im Gesicht
Adelwart entgeht es nicht

Väterlicher Rat an Göre
Ganz entspannte Atmosphäre

Kühles Gel schnell aufgetragen
Schattenplatz dann vorgeschlagen

■■

DIE GESCHICHTE VON OBERFÖRSTER KARL-HEINZ FLINTE

Karl-Heinz Flinte streift mit seinem treuen Hund Janosch - Rasse Magyar Vizsla - durch den Wald und sieht nach dem Rechten. Er versteht die Sprache der Bäume.

Der junge und introvertierte Förster liebt auch die Tiere des Waldes - vom kleinsten bis zum größten. Auch Menschen mag er, solange sie sich im Wald zu benehmen wissen.

Ab und zu muss er ein Wild erlegen, was ihm wahrlich keinen Spaß macht, aber das Gleichgewicht des Waldes muss gewahrt bleiben.

Förster ist für ihn der schönste Beruf der Welt. Nur die Arbeit im Büro schmeckt ihm nicht. Sein Werkzeug ist die Flinte - nicht die Tinte.

■■

KEILER RATZEPUTZ

Riesenkeiler Ratzeputz
ergeht sich ganz in Eigennutz

Statt am Salzstein brav zu lecken
verbreitet er gern Angst und Schrecken

Gestern Kinder angefallen
Schüsse heute widerhallen

Abschuss durch den Flintenheld
Ruhe wiederhergestellt

■■

ALTER BAUM LEIDET UNTER HITZE

Alte Eichen und auch Weiden
unter großer Hitze leiden

Werfen schon die Blätter ab
Wasser ist bedrohlich knapp

An der Eiche Priesterloch
schaut der Förster traurig hoch

Mitleid auch vom kleinen Lurch
Alter Kumpel, halte durch

■■

WOCHENENDE IM WALD

Waldesruh ist abgeschafft
Flinte zeigt jetzt Führungskraft

Kinder wuseln durch das Dickicht
Radler gern missachten Helmpflicht

Hinweis hier, ein Notruf dort
Der Förster ist sofort vor Ort

Immer in ganz ruhigem Ton
bändigt er die Emotion

■■

DIE GESCHICHTE VON MEISTER-DJ WUNDERTÜTE

Wundertüte ist ein DJ alter Schule und hat schon hunderte von Events mit seiner Musik beschickt.

Er ist nicht mehr der Jüngste, aber sein Motto lautet: „Wer rastet, der rostet". Er hat die Zeichen der Zeit erkannt und bedient sich neuester Technik.

Als alter Hase sind ihm die Segnungen des House in der Tanzmusik nicht entgangen und er weiß sehr wohl was ein Rave ist, aber auf jung zu machen, ist nicht sein Ding.

Er mischt die Stilelemente aus seiner Zeit mit den aktuellen Trends auf eine sehr persönliche Art und Weise. So begeistert er junge und alte Menschen mit seiner Leidenschaft für die Musik.

SATTER BASS MIT WALDHORNKLÄNGEN

Meister-DJ Wundertüte
setzt nicht gern auf alte Hüte

Beats und Klänge neu erschaffen
sind des Meisters Wunderwaffen

Grenzen werden aufgehoben
und der Mainstream zart verschoben

Satter Bass mit Waldhornklängen
Tüte lässt die Fans nicht hängen

■■

STROMAUSFALL UM MITTERNACHT

S tromausfall um Mitternacht
ohne Saft ist Schicht am Schacht

Stille macht sich drohend breit
eine halbe Ewigkeit

Doch der DJ ist begabt
Gäste haben Glück gehabt

Fetter Groove und sehr viel Seele
tönt aus Meister's Ukulele

■■

DIE EINSAMKEIT DES DJ

Grenzenloser Heiterkeit
folgt des DJ's Einsamkeit

Heimfahrt dauert ein paar Stunden
oft mit Grübelei verbunden

Soll er es vielleicht bereuen
andere Menschen zu erfreuen?

Jeder Job hat dunkle Seiten
doch es gibt auch gute Zeiten

■■

DIE GESCHICHTE VON TEXTILVERKÄUFERIN SUSANNE

Susanne ist bei den Kolleginnen in der Abteilung ‚Oberbekleidung Damen' beliebt und wird nur Susi genannt.

Auch ihre Chefs schätzen ihren liebevollen Umgang mit den Kundinnen und ihren hohen Umsatz. Manchmal wundern sie sich über die hohe Anzahl von Susi's Reklamationen an die Hersteller, aber da Susi viel Vertrauen im Hause genießt, lassen sie die Verkäuferin gewähren.

Susi hat das Herz am rechten Fleck. Sie geht in ihrer Arbeit auf und das Begehren ihrer Kundinnen ist ihr ein aufrichtiges Anliegen.

■■

SUSI ZEIGT HERZ

Textilverkäuferin Susanne
hadert mit der Handelsspanne

Kundin zählt nicht zu den Reichsten
kann sich diesen Preis nicht leisten

Susi überlegt nicht lange
holt die Bluse von der Stange

Kleiner Fleck schnell appliziert
Preis wird drastisch reduziert

■■

ABBRUCH UND EIN NACHWORT

Ein Buch entsteht nicht über Nacht und es vergeht einige Zeit vom Plan bis zur Veröffentlichung. In dieser Zeit geschehen Dinge im Kopf des Autoren, die manchmal Pläne über den Haufen werfen. Ich möchte euch an solch einem Ereignis teilhaben lassen.

Diese kleinen Gedichte/Songtexte sind ja an Musikproduktionen gebunden, die fast zeitgleich mit den Texten entstehen. Manchmal ist die Musik vor den Texten fertig, manchmal wird die Musik nach den Texten produziert.

Manchmal verläßt den Autor während der Produktion auch die Lust an einem Plan, weil er vielleicht mittlerweile andere Prioritäten für seine Arbeit gesetzt hat.

Genau das ist soeben geschehen. Obwohl Susi bereits Gestalt angenommen hat und es sogar schon ein Cover für die Lieder gibt, muss ich an dieser Stelle abbrechen. Susi wird nicht mehr das Licht der Öffentlichkeit erblicken und auch Innenarchitektin Ute wird bereits vor der Realisierung als Idee begraben.

Als leidenschaftlicher Seelensucher sollte ich der Entwicklung meiner Erkenntnisse folgen. Nachdem ich unlängst erkannt habe, dass der Geist für das Management der irdischen Existenz zuständig ist, und sich weitgehend von der Seele abkoppeln kann, gehe ich aufmerksamer mit meinen Entscheidungen um.

Natürlich sagt der Geist: „Das musst du durchziehen. Sei ein Profi!". Ich respektiere diese Haltung auch, aber ich kann ihr nicht folgen, denn die Seele legt sich quer.

Da dieses Buch damit beendet ist (der folgende Teil ist bereits vor diesen Worten fertiggestellt worden) kann ich schon auf das folgende Buch verweisen, das sich mit dem Zusammenspiel von Geist und Seele beschäftigen wird.

Und genau dieses Buch will genau JETZT begonnen werden. Nicht in ein paar Tagen oder Monaten, sondern JETZT.

Die Seele kann nämlich keine Bücher schreiben und der Geist stirbt mit dem Körper. Nur sein Echo kann dann noch vernommen werden.

■■

Nun eine neue Form von Poesie zu Musik. Die Texte sind als Lese- oder Vortragsoption zu meditativer Musik gedacht.

TEIL 3 | LYRIK ZU MUSIK

POETISCHE MEDITATION

Eigentlich bin ich ja Musiker, oder doch nicht? Das Leben verschlägt dich manchmal in einen Beruf, der dir so wenig passt wie ein zu enges Hemd. Jedenfalls liebe ich Musik, was nicht unbedingt die günstigste Voraussetzung für diesen Beruf ist.

Jedenfalls kann ein geübter Gedichteleser einen ausgeprägten musikalischen Duktus in allen meinen Gedichten finden. So dachte ich eines Tages, dass es an der Zeit sei, eine neue Grenzüberschreitung zu wagen: Werke, die weder vertonte Gedichte, noch Songtexte sind.

Und wieder einmal kam mir der Zufall zu Hilfe, war ich doch gerade dabei, ein Album mit meditativer Musik mit dem Titel „Far Beyond Understanding" vorzubereiten

Und wieder einmal war mir klar, dass das ein Marketing-Kraftakt werden würde, weil die Musik nicht in das Raster üblicher Meditationsmusik passte.

Und wieder einmal musste ich mich auf mein eigenes Urteilsvermögen verlassen, was die Eignung hinsichtlich meditativen Gebrauchs betraf.

Und wieder einmal half mir die Erinnerung an meine Ausbildung in Musik und Philosophie, um meine Zweifel zu zerstreuen.

Und wieder einmal verließ ich mich auf Emotionen, die die Musik bei mir selbst auslöste - jenseits der eigenen Expertise.

So entstand der Plan die Musik mit Poesie zu ergänzen. Ein Auftritt mit Musik und vorgetragenen Gedichten könnte ein gelungener meditativer Vortrag sein.

Grundlage der Texte ist das Musikalbum „Far Beyond Understanding", das auf allen Streaming-Plattformen abgerufen werden kann. Die Originaltitel in englischer Sprache sind vor jedem Gedicht ins Deutsche übersetzt.

■■

FAR BEYOND UNDERSTANDING

Weit jenseits von Verständnis

Seit einer 10-tägigen Vipassana-Meditation wusste ich, dass die asiatische Meditationspraxis auch eine Menge Schmerzen bereiten kann. Diese Erfahrung unterschied sich elementar von dem, was auf den meist esoterischen Märkten als Meditation angeboten wird.

Der Mainstream der als ‚Meditationsmusik' etikettierten Machwerke wandelt auf dem gleichen Pfad des Irrtums. Ich habe nichts gegen Entspannungsmusik, oder das Musikgenre ‚Chillout' - nur ist das keine Meditationsmusik. Ich hatte dann die Idee, einmal einen Versuch zu starten, bei dem die Musik nicht nur Begleitung der Meditation ist, sondern quasi selbst ein akustische Meditation darstellt.

Dass jedes Stück auf einem ostinaten Grundton in der Bassregion basiert, war die Basis der Idee. Ob man bestimmten Frequenzen Stimmungen zuordnen kann, ist fragwürdig, aber ein Lauf durch den Quintenzirkel entfaltet auf jeden Fall eine Wirkung, denn der Quintfall wird als ‚Auflösung' empfunden.

Das zweite Grundelement sollten Aufnahmen von Windspielen als Zufallsfaktor sein. Der Rest würde einfach aus Musik mit den Obertönen des jeweiligen Grundtones bestehen. Die Wirkung der Obertöne ist vom therapeutischen Einsatz von Klangschalen bekannt. Als letztes Element wollte ich psychoakustische Techniken verwenden, die wechselnde Klangräume suggerieren.

Das erste Stück erzeugte gleich eine massive Wirkung auf meinen eigenen Geist. Einer anfänglichen Beruhigung folgte eine unerwartete Anregung. Ich hörte Melodien und teilweise menschliche Rufe, die gar nicht im Aufnahmematerial enthalten waren. Ich war schockiert und begeistert zugleich. Der Preis für die extreme Wirkung war ein hoher Lautstärkepegel des Windspiels. Nach 5 Produktionen bekam ich Rückmeldungen, dass das Windspiel bei einem Kollegen einen Tinnitus ausgelöst hatte. Nun, auch wenn ich wusste, dass Meditation schmerzhaft sein kann, sollte das nicht der Preis sein.

Ich bearbeitete die Stücke noch einmal, machte sie alltagstauglich und fügte die fehlenden 7 Stücke im Quintfall hinzu. Die Quinte ist der zweite Oberton jedes natürlichen Tons. Nach 12 ‚Abstiegen' landet man wieder auf dem nominellen Ausgangston. 12 echte Abstiege aus der Bassregion würden uns aber in kaum noch wahrnehmbare Frequenzbereiche führen, daher wurden die Grundtöne in der Höhenlage so verschoben, dass es musikalisch noch Sinn macht.

Das hat keine großen Auswirkungen auf die Empfinden der Auflösung, da wir darauf trainiert sind, den nominell selben Ton auch als gleichartig zu empfinden - gleichgültig in welcher Höhenlage er erklingt.

Da dies ein Buch ist, das nicht klingen kann, empfehle ich - als Übung für Fortgeschrittene - Die Gedichte abwechselnd mit der dazu passenden Musik zu konsumieren.

■■

AWAKENING OF THE SPIRIT

Das Erwachen des Geistes

Wir hören die Stimmen
ein Gesang aus unbekannten Sphären
die Stimmung unbestimmbar
keine Liebe, kein Hass
irgendwo dazwischen
nicht verortbar
verklingt

Die Seele ruft
doch der Geist kann nicht antworten
ist zu beschäftigt
mit Sorgen
mit Wünschen
mit Schmerzen
mit Sehnsucht

Der Geist will
doch weiß nicht wohin

klammert sich an jede Idee
fühlt sich überfordert
doch er schläft
träumt nur erregt

Der Geist fühlt das Fundament
sucht den Boden
findet einen Moment Ruhe

Plötzlich ist da Leere
wo gerade noch eine Schlacht tobte
Raum für die Seele

Die Seele ist unerwartet lebhaft
Sie beschäftigt den Geist
und der Geist erwacht

■■

ON THE PLAYGROUND OF ETERNITY

Auf dem Spielplatz der Ewigkeit

Der Geist entdeckt die Seele
„Wer bist du?"
„Frag nicht - spiel mit mir"

„Was soll ich tun?"
„Nichts - öffne dich"

„Bist du der Klang?"
„Ich bin Alles"

Der Geist öffnet sich
und hört zu -
bedingungslos

Die Seele spielt mit dem Geist

„Gefällt dir das?"
fragt die Seele

„Ich weiß es nicht"
antwortet der Geist

„So soll es sein
so geht das Spiel -
Atme einfach weiter!"

■■

PLAYING WITH THE TINY BALL OF INSIGHT

Das Spiel mit dem winzigen Ball der Erkenntnis

Spiel mit mir

hui - der Ball fliegt
ich will ihn fangen
er ist zu klein
ich verfehle ihn
er fällt zu Boden

Ich hebe ihn auf
lese die Aufschrift:
„Erkenntnis"

Der Ball ist winzig,
aber wir haben keinen anderen

ich werfe ihn in die Luft
Training

Er fliegt sehr hoch
ich verliere ihn aus den Augen
wo ist er hin?

Dann liegt er wieder zu meinen Füßen
erhebt sich selbstständig
tanzt vor meinen Augen
er spricht zu mir:
„Fang mich!"

Meine Hände fuchteln in der Luft herum
doch ich verfehle ihn

Der Ball fliegt vor meiner Nase herum
ich folge ihm
greife immer wieder nach ihm
komme außer Atem

Der Ball sagt:
„Atme einfach weiter!"
laß uns spielen
es macht so viel Spaß

■■

SOULS PLAYING BEING HUMAN

Seelen spielen das Menschsein

W er bin ich?

Die Seelen versuchen zu erklären
sie spielen die Musik vom Menschen

Frauen- und Männerstimmen erklingen
Die Musik ist süß und zart
Meeresbrandung

Wo ist die Gewalt?
Wo ist die Eitelkeit?
Wo ist mein Ego?

Die Musik verklingt
ohne Gewalt
ohne Eitelkeit
ohne Ego

Dann Ruhe
mein Geist spielt verrückt
Betrug oder Missverständnis

Dann verstehe ich

Eine Möglichkeit in der Ewigkeit
keine Momentaufnahme
Seelen kennen keine Zeit

■■

PEOPLE TRY TO DESCRIBE SOULS THEIR LIFE

Menschen versuchen den Seelen ihr Leben zu beschreiben

Hallo Seele!
Kannst du mich hören?
Hörst du mein Klagen?

Doch die Musik erzählt eine andere Geschichte
sie ist süß und zart
ein leises Stöhnen hier und da
vereinzelte Störungen
doch immer friedlich
süß
zart
voller Liebe
voller Sehnsucht
Tränen der Schönheit

Was passiert hier?

Die Musik antwortet:
„Ich bin ein Übersetzer
Mensch zu Seele
Seele zu Mensch

Seele klingt anders als Mensch."

■■

SOULS LISTEN TO THE STORIES OF THE PEOPLE

Seelen lauschen den Geschichten der Menschen

Die Seele ist aufmerksam
sie hört zu
sie hört dein Klagen
sie kennt deine Sehnsucht
sie spürt deinen Schmerz
sie fühlt deine Freude

Wir sind geschwätzig
wie das Glockenspiel im Wind
doch die Seele weiß bereits
ALLES

Geduldig hört sie weiter zu
und wartet
neugierig:

auf etwas Neues
auf die Wandlung
den Aufbruch
die Transformation

Sie möchte mit dir verschmelzen

Auch gern vor deinem Tod

■■

VERY DEEP BUT NOT TOO FAR

Sehr tief aber nicht zu tief

Ich möchte so gern …
eintauchen …

ist das gefährlich?
kann ich weiter atmen?

ich habe Angst vor dem Ertrinken
doch die Musik lockt mich
so friedvoll
so schön

gehe jetzt etwas tiefer
oh, wie schön
so beruhigend
und doch voller Leben

kann ich noch tiefer?
noch sehe ich das Licht von oben
doch unter mir wird es schwarz

ich habe Angst vor der dunklen Nacht
lass mich hier verweilen

sehr tief aber nicht zu tief
ich werde später tiefer gehen

ganz tief

nach dem Leben

■■

SOULS TRY TO UNDERSTAND BUT FAIL

Seelen versuchen zu verstehen aber scheitern

D ie Seelen haben vergessen

sie hören von der Zeit
aber was ist Zeit?

sie hören vom Mond
aber was ist Mond?

sie hören die Stimmen
aber was sagen die Stimmen?

wichtig
bedeutsam
entscheidend
erfolgreich
lebendig
leidend

in tausend Sprachen
allein auf nur einen Planeten

doch alles ist nur ein fallendes Blatt
im Garten der Ewigkeit

das Blatt wird zur Seelennahrung umgewandelt

jenseits des Verständnisses
und aller Worte

■■

MILD AND MELLOW PLANET

Sanfter und nachsichtiger Planet

Du,
Planet Erde
bist nicht für uns gemacht
du duldest uns nur
in diesem Fenster der Zeit

danke,
dass wir auf dir sein dürfen
dass wir auf dir sehen dürfen
dass wir auf dir hören dürfen
dass wir auf dir riechen dürfen
dass wir auf dir schmecken dürfen
dass wir auf dir fühlen dürfen

wir haben uns dir angepasst
wir schätzen dich in deiner sanften Form
nachsichtig mit dem Leben

du erinnerst uns manchmal
dass es auch anders geht

wenn deine Tränen zur Flut werden
wenn das Feuer aus deinem Inneren aufsteigt
wenn deine Haut verrutscht

danke,
dass du uns immer noch leben lässt

■■

DANCE OF THE MOLECULES

Tanz der Moleküle

Atome dicht gepackt
so mögen wir es
wenig Bewegung
erstarrt

Diamanten aus Kohlenstoffatomen
durch Druck und Hitze
zum Kristall
erstarrt

wir beten dich an
du Götze der Lebensfeindlichkeit

anders das Gas
das wir ignorieren oder fürchten
der Atem
frei und flüchtig

Moleküle im wilden Tanz
der Freiheit

geboren als Nebel
aus dem Unbekannten
das wir Nichts nennen

ein Wirbelsturm
der Möglichkeiten
formlos

irgendwann erscheinen wir als
Knechte der Form

wie ein blasser Schatten
bleibt die Sehnsucht
nach der Freiheit
nach dem wilden Tanz

doch die Angst ist stärker

es bleiben die Momente
wie dieser jetzt
wenn wir spüren
wie es einmal war

■■

PERFORMANCE OF THE NATURAL POWER

Auftritt der Naturgewalten

Die Natur ist mächtig
aber auch zerbrechlich

das Plätschern des Baches
ist zugleich die Ahnung von der Flut

das Zwitschern der Vögel
beinhaltet den Todesschrei

die Melodie ist süß
und zugleich geheimnisvoll

in der Tiefe rumort ein
bedrohlicher Basston

Drohung oder Hoffnung?

es gibt kein entweder/oder
mit Gültigkeit für das gesamte Leben

nur für den Moment
können wir die Illusion
der Eindeutigkeit
genießen

oder fürchten

und diese kurze Eindeutigkeit
gilt nur für dich allein

deine Seele weiß das bereits
weit jenseits des Verstehens

■■

THE QUEST FOR ORDER

Die Forderung nach Ordnung

Ordnung ist die Voraussetzung
für dein Leben
das eine Möglichkeit unter vielen ist

im wilden Tanz der Moleküle
ist die Ordnung entstanden
hat Form geschaffen

die Seele braucht keine Ordnung
sie tanzt mit den Molekülen

und doch erinnert sie dich an die
Beschränktheit deiner Welt
denn sie meint es gut mit dir

die Seele lädt dich vielleicht ein
zum wilden Tanz mit den Molekülen
dem chaotischen Tanz aller Möglichkeiten

„Komm tanz mit mir
aber wenn du zurück willst
in dein Leben
füge dich der Ordnung
sonst musst du bei mir bleiben

in der Ewigkeit"

■■

REMEMBER THE AWAKENING OF THE SPIRIT

Erinnere dich an das Erwachen des Geistes

Du bist enteilt
hast dich deiner Seele
ausgeliefert

das ist gut so
für den Moment

du hast den Moment genutzt

doch erinnere dich an das Erwachen
deines Geistes
des diesseitigen Geistes

eine neuerliche Geburt
im diesseitigen Leben

du hast Kontakt aufgenommen
zu deiner Seele
der jenseitigen Seele

du hast mit der Seele getanzt
du hast ihre Sanftheit gespürt
du hast ihre Verspieltheit gespürt
du warst beglückt

jetzt weißt du
wie du den Kontakt herstellst
für immer und ewig

solange wie dein Leben währt
dein Geist wach bleibt

wenn dein Geist eines Tages
mit deinem Körper stirbt
wirst du mit der Seele eins

dann wirst du ewig tanzen
weit jenseits des Verstehens

ÜBER DEN AUTOR

Horst Grabosch wurde 1956 in Wanne-Eickel geboren und studierte bis 1979 Germanistik, Philosophie und Musikwissenschaft in Bochum und Köln. 1984 schloss er ein Studium zum Orchestertrompeter an der Folkwang-Musikhochschule in Essen ab. Bis 1997 arbeitete er als freiberuflicher Musiker und musste nach einem Burnout diesen Beruf aufgeben. Danach absolvierte er eine Umschulung zum Informationstechnologen bei Siemens-Nixdorf in München und arbeitete als freiberuflicher Informationstechnologe. Heute lebt er als Produzent von elektronischer Musik und Schriftsteller im bayerischen Oberland.

Autoren-Website: https://horstgrabosch.de

VOM SELBEN AUTOR ERSCHIENEN

Der Seele auf der Spur - 2022
ISBN-13: 9783755778875

Seelenwaschanlage - 2022
ISBN-13: 9783756227211

LUST - 2022
ISBN-13: 9783756243143

Links zur Musik, auf die in diesem Buch referenziert wird, findest du hier:

https://horstgrabosch.de/poesiealbum